Inhalt

AF139163

Chemie und Kunststoffe -Wettbewerber aus dem Nahen und Fernen Osten erobern Weltmarkt

Chemie und Kunststoffe -Wettbewerber aus dem Nahen und Fernen Osten erobern Weltmarkt

Autor GENIOS BranchenWissen: A.Schneider

Kernthesen

- Auf der Weltrangliste der Chemie- und Kunststoffhersteller haben sich Ölgiganten und neue Wettbewerber aus dem Nahen Osten und Asien bemerkenswert weit vorne Plätze erobert.
- Ihre Vorteile sind niedrigere Löhne und damit Herstellungskosten, geringere Umweltauflagen und hoher Bedarf in ihren Heimatmärkten sowie ihr oft günstiger

Zugang zu Rohstoffen.
- Unter den 50 größten Herstellern weltweit finden sich mit BASF, Bayer, Degussa und Lanxess immerhin vier deutsche Unternehmen.
- Die deutschen Chemie- und Kunststoffhersteller wappnen sich gegen den verstärkten Wettbewerb, zum Beispiel mit Unternehmensübernahmen und den Aufbau von Produktionskapazitäten in den Zukunftsmärkten.

Beitrag

BASF, Bayer & Co. gegen Sinopec, Sabic & Co. - neue Chemiehersteller aus dem Nahen und Fernen Osten zeigen sich zunehmend angriffslustig. Wie wappnen sich die deutschen Unternehmen, um im globalen Wettbewerb mithalten zu können?

Neue Wettbewerber aus Asien und dem Nahen Osten erobern vordere Plätze auf dem Weltmarkt

Auf der Weltrangliste der Chemie- und

Kunststoffhersteller lassen sich seit Ende der neunziger Jahre bemerkenswerte Veränderungen beobachten.

In den vergangenen fünf Jahren belegten Dow Chemical, BASF und DuPont stets die vordersten drei Plätze. Auf der Weltrangliste 2005 findet sich DuPont nur noch auf Rang 6 wieder. Die Chemiegeschäfte dreier Ölgiganten haben sich davor platziert: Royal Dutch/Shell, Exxon Mobil und Total.

Und eine weitere Veränderung ist auffällig: Bis vor kurzem noch weitgehend unbekannte Namen haben sich inzwischen beachtliche Ranglistenplätze erobert. Auffällig ist, dass diese Unternehmen keineswegs aus den etablierten Chemienationen USA, Japan oder Europa stammen. Vielmehr sind es neue Wettbewerber aus Asien und dem Nahen Osten, für die die Chemie doch vermeintlich Neuland ist.

So findet sich beispielsweise auf Platz 7 der Chemierangliste der chinesische Hersteller China Petroleum & Chemical (Sinopec), der noch vor wenigen Jahren in der Branche gänzlich unbekannt war und sich jetzt vor Bayer und BPs Chemiegeschäft geschoben hat. Der saudi-arabische Chemiehersteller Sabic hat sich seit 1999 von Platz 32 auf Platz 10 vorgearbeitet. Das taiwanesische Unternehmen Formosa legte einen Aufstieg von Rang 47 auf mittlerweile Rang 11 hin. [Abb.1]

Auch andere Hersteller aus den genannten Regionen haben einen großen internationalen Marktauftritt in

Chemie, Pharma oder Kunststoffen in Angriff genommen. Das iranische Unternehmen NPC ist als neuer Wettbewerber bei Massenkunststoffen auf den Plan getreten. Die indische Reliance ist zwar leicht abgerutscht auf Platz 39, ist aber zum Weltmarktführer bei Polyester avanciert. Die ebenfalls indischen Unternehmen Dr. Reddys und Ranbaxy sind in der Generikabranche keine No-Names mehr. Auch in der petrochemischen Industrie wird sich Indien noch stärker profilieren. So hat beispielsweise Indiens größtes Unternehmen, der Raffineriebetreiber Indian Oil, die petrochemische Industrie als zukünftigen Wachstumstreiber identifiziert und treibt eine vertikale Integration voran. (1), (2), (3)

Im Vorteil aufgrund hohen Bedarfs und niedriger Herstellungskosten

Dem Aufstieg der neuen Wettbewerber kommt zum einen der enorm hohe Nachholbedarf in ihren sich entwickelnden Heimatmärkten zugute. Der Chemiemarkt wuchs in Saudi-Arabien in den vergangenen zehn Jahren um 7,8 Prozent, in China sogar um 13,2 Prozent. Daneben wirkt sich das 2,5 prozentige Wachstum in Deutschland sehr bescheiden aus. Ergebnis: Inzwischen hat China Deutschland als drittgrößte Chemienation der Welt auf Platz vier verdrängt.

Ein großer Vorteil der Asiaten auf dem Weltmarkt ist, dass sie vergleichsweise günstige Preise bieten können. Dies ist zurückzuführen auf niedrigere Lohnkosten, und damit niedrigeren Herstellungskosten, sowie auf geringere Umweltauflagen in ihren Heimatmärkten. Ein weiterer Faktor ist ihr oft günstiger Zugang zu Rohstoffen wie Öl und Gas.

Deutsche Chemie- und Kunststoffhersteller rüsten sich für den verschärften Wettbewerb

Wie stellen sich die deutschen Unternehmen auf diese Herausforderungen ein? Mit den indischen Billiglöhnen können BASF, Bayer, Henkel, Degussa, Boehringer und die anderen bis auf weiteres nicht konkurrieren. [Abb.2] Einen sprunghaften Nachfrageanstieg können sie hierzulande wohl auch nicht erwarten. Sie müssen also auf andere Vorteile setzen und andere Kompetenzen ausbauen, um auf dem Weltmarkt für Chemie und Kunststoffe auch künftig mithalten zu können.

So wappnen sich die deutschen Chemie- und Kunststoffhersteller zum Beispiel mit Unternehmensübernahmen sowie den Aufbau von Produktionskapazitäten in den Zukunftsmärkten. Ihre Pluspunkte können besondere Technologien, kundennahe Innovationen, langjährige Kundenbeziehungen und Managementerfahrungen sein. Auch ihr ausgeprägtes Know-how in Produktionsprozessen und Logistik kann ihnen zugute kommen. Die operativen Abläufe, besonders in den Bereichen Vertrieb, Marketing und Supply Chain Management, müssen mittels modernster Informationstechnologie optimiert und auf führendem Niveau gehalten werden.

Mit Unternehmensübernahmen den Wettbewerbern die Stirn bieten

Weltweit ist die chemische Industrie dabei, sich zu konsolidieren. Zahlreiche Firmen wechseln ihren Besitzer.

So hat der Ludwigshafener Konzern BASF allein in diesem Jahr drei Chemieunternehmen übernommen: den amerikanischen Katalysator-Spezialisten Engelhard, den US-Kunststoff-Hersteller Johnson

Polymer und das Bauchemiegeschäft von Degussa. Bayer hat den Kauf eines taiwanesischen Polyurethan-Spezialisten angekündigt und verkauft gleichzeitig seine Chemiegeschäfte H.C. Starck und Wolff Walsrode. Und die Zahl der Übernahmen wird weiter steigen. Lanxess etwa hat sich von seiner Papierchemie und dem Dorlastan-Fasergeschäft getrennt, will aber nun selbst durch Akquisitionen wachsen. (4)

Verlagerung von Produktionskapazitäten in Zukunftsmärkte

Die globale Nachfrage verschiebt sich in Richtung Asien. Darauf stellen sich die deutschen Chemieunternehmen immer mehr ein, indem sie selbst Produktionskapazitäten in den genannten Zukunftsmärkten aufbauen. Es gilt, rechtzeitig Claims abzustecken, um am dynamischen Marktwachstum partizipieren zu können.
BASF verstärkt seinen Auftritt in Asien und eröffnet weitere Anlagen, zum Beispiel eine Großanlage zur Herstellung von Vorprodukten für Schäume und thermoplastische Kunststoffe, die in Matratzen, Eisschränken, im Bau und in der Automobilbranche

gefragt sind. (5)

Auch Bayer forciert sein Geschäft in Japan, China, Hongkong und Taiwan. In China wächst laut Bayer der Verbrauch des Hochleistungskunststoffs Polycarbonat jährlich um 18 Prozent und der Wirtschaftsraum Fernost/Ozeanien beansprucht mit rund 1,5 Millionen Tonnen (in 2005) bereits mehr als die Hälfte des Weltmarkts (2,7 Millionen Tonnen) für sich. Dementsprechend baut Bayer Material Science seine Produktionskapazität in Shanghai enorm aus. Die 100 000-Tonnen-Jahreskapazität der neuen World-Scale-Anlage soll bereits 2008 verdoppelt werden.

Eine Anlage zur Herstellung von Makrolon mit Investitionen von 450 Millionen Euro wurde bereits neu in Betrieb genommen. Der Hochleistungswerkstoff, dem allein in China jährliche Wachstumsraten von mehr als 18 Prozent zugetraut werden, wird für CDs oder DVDs, Autoscheiben und Überdachungen genutzt. So wird das Dach des Olympia-Stadions in Tianjin für die Spiele 2008 aus Makrolon gebaut. (6), (7)

Das Spezialchemieunternehmen Degussa wird ebenfalls in Shanghai investieren und bis Januar 2008 eine Polykondensationsanlage für Spezialpolyamide und eine Compoundieranlage in Betrieb nehmen. (8) Wacker Chemie errichtet in Asien beispielsweise eine Siloxan-Anlage und eine Anlage für pyrogene Kieselsäuren. Siloxan ist ein Rohmaterial für die

Herstellung von Silikon. Dieses findet sich in vielen Produkten und wird von der Auto-, der Textil-, der Bau- und der Elektroindustrie verwendet. Pyrogene Kieselsäuren werden als Rieselhilfe in Tonern, aber auch für die Konsistenz von Zahnpasta oder Ketchup verwendet. (9)

Anspruchsvolle Technologien und hohe Qualität

Glücklicherweise ist auch in der Chemie keineswegs immer der günstigere Preis der alleinige Erfolgsfaktor. Die Qualität eines Produkts oder einer Lösung und ihre technische Raffinesse sind für viele Kunden im Entscheidungsprozess ausschlaggebend. Dies gilt natürlich weniger in der Basischemie, wohl aber in der Spezialchemie, in der der Kunde auf spezielle, oft sehr anspruchsvolle Lösungen baut. Hier bestehen für die deutsche Chemie durchaus weiterhin sehr gute Chancen. Als Beispiele seien Spezialchemikalien für die Veredelung von Oberflächen, für Inhaltsstoffe bei Kosmetika oder Medikamenten, Autolacken oder Spezialkatalysatoren genannt.
Lanxess etwa liefert dem Autokonzern BMW einen Kunststoff für Karosserien. Der Autobauer verwendet dieses neuartige Thermoplastmaterial für den vorderen Kotflügel seines BMW 3er Coupé. Der

Kunststoff ist um die Hälfte leichter als ein Bauteil aus Stahl und hat wenn er lackiert ist aufgrund seiner hohen Wärmeformbeständigkeit optisch die gleichen Eigenschaften wie herkömmliche Seitenwände aus Stahl. (1)

Kundennahe Innovationen durch kundenorientierte Forschung & Entwicklung

Ein Unternehmen, das langfristig überdurchschnittlich erfolgreich sein will, muss sehr gut darin sein, neue Ideen zu generieren und daraus Produkte zu entwickeln und zu vermarkten. Im Visier des technologischen Fortschritts muss dabei der Kunde stehen. Seine Bedürfnisse müssen die zentralen Innovationstreiber für neue Produkte, Anwendungen und Systemlösungen sein. Auch Schnelligkeit ist ein wichtiger Faktor. Der Kunde will nicht jahrelang auf seine Lösung warten.
Immer mehr deutsche Chemiekonzerne haben dies erkannt und sich darauf eingestellt. Dies zeigt sich beispielsweise darin, dass sie ihre Forschung und Entwicklung neu organisiert und ausgerichtet haben. Sie setzen auf kontinuierliche Interaktion mit dem Kunden.

Der Spezialchemiehersteller Degussa beispielsweise setzt auf sogenannte Science-to-Business-Center, in denen von Anfang an Grundlagenforscher, Anwendungstechniker, Marketingexperten und Kunden zusammenarbeiten. Es scheint zu funktionieren: Etwas über ein Jahr brauchte das Düsseldorfer Unternehmen nur, um den Keramik-Wandbelag ccflex auf den Markt zu bringen. Auf dem Werksgelände von BASF in Ludwigshafen wurde das einstige Farblabor für Kunststoffe zur Designfabrik umgestaltet, in der ein BASF-Team Industriedesigner von Unternehmen wie Miele, Volvo oder Gardena bei der Farbauswahl für ihre Kunststoffprodukte berät und individuelle Proben sofort herstellt. Der Kunde kann bei einem Tagesbesuch am Abend mit einem Sack Granulat der gewünschten Farbe nach Hause reisen. (1)

Konsequente Verbesserung in operativen Bereichen

Die Polymerindustrie arbeitet derzeit vor allem an Verbesserungen in den operativen Bereichen. Marketing, Vertrieb und Supply Chain Management werden mit Hilfe moderner Informationstechnologie auf operative Effizienz getrimmt. Besonders dringlich ist dabei, dass eine effiziente Preisgestaltung beherrscht wird, um die hohen Schwankungen der Rohstoffpreise abzufedern. Ein paar Beispiele: Ethenverbraucher drängen zunehmend auf zweimonatige Lieferpreise, statt der bisher üblichen Quartalspreise. Für BASF beispielsweise liegt ein Lösungsweg in den monatlichen Lieferpreisen, die für den Kunden als Referenzpreise gelten. Auch Dow strebt für sein Olefingeschäft die Verkürzung von Quartals- auf Monatslieferpreise an. (10)

Effizienter Umgang mit Energie und knappen Rohstoffen

Ein günstiger Zugang zu heimischen Energierohstoffen bleibt uns hierzulande zwar größtenteils verwehrt, dafür aber können wir punkten, wenn es um Fragen des nachhaltigen Umgangs mit Rohstoffen oder um Energieeffizienz geht. Gerade hier die Bundesrepublik den asiatischen Ländern mit ihrem enormen Hunger an Rohstoffen und Energie mit unserem Know-how Unterstützung leisten. Auch die Chemie kann ihren Beitrag leisten. So hat BASF beispielsweise einen innovativen Baustoff mit Kühleffekt erfunden. Dieser Baustoff kann Wärme, die zum Beispiel im Haus durch intensive Sonneneinstrahlung entsteht, aufnehmen und Räume so vor Überhitzung schützen. Wenn es draußen kälter wird, gibt er die Energie wieder frei.

Fest steht: Wenn die deutschen Chemie- und Kunststoffhersteller sich auch weiterhin entschlossen und zielgerichtet gegen den verschärften Wettbewerb aus Asien und dem Nahen Osten rüsten, werden auch in den kommenden Jahren auf der internationalen Weltrangliste der Chemieunternehmen deutsche Namen wie BASF, Bayer und Co. auftauchen und nicht alle vorderen Plätze von Sinopec, Sabic und dergleichen erobert worden sein.

Fallbeispiele

China Petroleum & Chemical Corporation (Sinopec)

Sinopec ist mit 21,1 Milliarden Dollar Chemieumsatz (in 2005) der größte Betreiber von Raffinerieanlagen in Asien. Im abgelaufenen Quartal meldete das

Unternehmen den stärksten Gewinnanstieg seit zwei Jahren. Der Konzern begründete die positive Entwicklung mit den deutlich gesteigerten Erdgas-Förderaktivitäten. Daneben wurde auch die Produktion petrochemischer Stoffe ausgeweitet. Im Kernbereich Raffinerie wurde dagegen ein Verlust eingefahren.

Der deutsche Chemiekonzern BASF AG und die Sinopec haben die Erstellung einer Machbarkeitsstudie zur geplanten Erweiterung ihres gemeinsamen Verbundstandorts in Nanjing/China vereinbart. Hintergrund ist die am 10. Juli 2006 bekannt gegebene Entscheidung von BASF und Sinopec, über 500 Mio. Dollar in den Ausbau der Produktionsanlagen ihres 50:50-Joint-Ventures BASF-YPC Co. Ltd. in Nanjing zu investieren. Die Unternehmen wollen die Kapazität des Steamcrackers erweitern und in zusätzliche nachgeschaltete Anlagen investieren, um weitere Synergiepotenziale am Standort zu erschließen. Die erweiterte Produktion soll 2009 anlaufen. Zudem haben sich beide Unternehmen darauf verständigt, ihr zweites Joint-Venture in Nanjing, Yangzi-BASF Styrenics (YBS), in die BASF-YPC zu integrieren, um die Effizienz zu steigern und vorhandene Synergien voll auszuschöpfen.

Saudi Basic Industries Corporation (SABIC)

Sabic macht mit seinen Chemiesparten Basischemikalien, Polyolefine, PVC und Polyester etc. rund 18,9 Milliarden Dollar Umsatz (in 2005). Das 1976 in Riad gegründete Unternehmen ist in den vergangenen Jahren zum größten Konzern dieser Art im Mittleren Osten avanciert.

Seit vier Jahren produziert Sabic auch direkt in Deutschland. Die Tochter Sabic Polyolefine GmbH hat eine Chemiefabrik im Gelsenkirchener Industriegebiet Scholven gekauft.

Das Unternehmen produziert zur Zeit mit unterschiedlichen technischen Verfahren mehr als 1 Million Tonnen Polyolefine (Polyethylen und Polypropylen) pro Jahr. Aus den Produkten der Sabic Polyolefine GmbH werden unter anderem Kunststoffrohre, Verpackungsmaterialien sowie Anwendungen für Kraftfahrzeuge und elektrische Geräte hergestellt.

Noch arbeiten dort knapp 500 Mitarbeiter, allerdings wird derzeit komplett umorganisiert. Seit diesem Sommer baut Sabic an einer neuen Anlage im Ruhrgebiet im Wert von 200 Millionen Euro.

Formosa Plastics

Das taiwanesische Firmengruppe aus Formosa Plastics Corp., Nan Ya Plastics, Formosa Chemicals & Fibre und Formosa Petrochemical erwirtschaftete im vergangenen Jahr einen Chemieumsatz von 18,7 Milliarden Dollar und verbesserte sich damit auf der Weltrangliste um zwei Plätze von 13 auf 11.

National Petroleum Company (NPC), Iran

Das Unternehmen ist ins Geschäft für Massenkunststoffe eingestiegen, bot beispielsweise im vergangenen Jahr mit, als BASF und Shell ihr Kunststoff-Joint-Venture Basell verkauften. NPC will Produktionsanlagen für Petrochemikalien aufbauen, die so groß sind wie die in Europa.

Reliance Industries

Der indische Petrochemie-Gigant Reliance weist einen Chemieumsatz von 6,7 Milliarden Dollar aus. Durch den Kauf von Trevira ist Reliance zum Weltmarktführer bei Polyester avanciert. Weitere größere Deals in Europa sind angeblich in

Vorbereitung.

Dr. Reddys

Der indische Pharmahersteller Dr. Reddys hat im
Frühjahr die deutsche Betapharm für mehr als 572
Millionen Dollar gekauft. Betapharm rangierte 2005
immerhin auf Platz 4 der weltweiten
Generikahersteller.

Zahlen & Fakten

Die 20 größten Chemieunternehmen der Welt in 2005

Rang	Unternehmen	Land	Chemieumsatz in Mio. $
1	Dow Chemical	USA	46.307
2	BASF	Deutschland	43.682
3	Royal Dutch/Shell	U.K./Niederlande	34.996
4	Exxon Mobil	USA	31.186
5	Total	Frankreich	27.794
6	DuPont	USA	25.330
7	Sinopec	China	21.121
8	Bayer	Deutschland	20.654
9	BP	U.K.	20.627
10	SABIC	Saudi-Arabien	18.947
11	Formosa Plastics	Taiwan	18.747
12	Lyondell Chemical	USA	18.606
13	Mitsubishi Chemical	Japan	17.945
14	Degussa	Deutschland	14.630
15	Mitsui Chemicals	Japan	13.372
16	Huntsman Corp.	USA	12.962
17	Ineos Group	U.K.	12.400
18	Akzo Nobel	Niederlande	11.758
19	Sumitomo Chemical	Japan	11.458
20	Air Liquide	Frankreich	11.388
...			
27	Lanxess	Deutschland	8.901
...			
39	Reliance Industries	Indien	6.718

Quelle: Chemical & Engineering News

Entnommen aus: C&EN, July 24, 2006, www.CEN-ONLINE.ORG

Die 20 umsatzstärksten Chemieunternehmen in Deutschland in 2005

Rang	Unternehmen	Umsatz	Beschäftigte
		in Mio. Euro	
1	BASF AG	42.745	80.945
2	Bayer AG	27.383	93.700
3	Henkel KGaA	11.974	51.724
4	Degussa AG	11.800	45.553
5	Boehringer Ingelheim GmbH	9.535	37.406
6	Linde AG	9.501	42.229
7	Fresenius AG	7.889	91.971
8	Lanxess AG	7.150	18.200
9	Merck KGaA	5.768	29.133
10	Schering AG	5.308	25.037
11	Beiersdorf AG	4.776	16.769
12	Altana AG	3.272	13.276
13	Cognis Deutschland GmbH&CoKG	3.176	7.788
14	B. Braun Melsungen AG	3.026	30.973
15	K+S AG	2.816	11.012
16	Wacker-Chemie GmbH	2.756	14.434
17	Ratiopharm GmbH	1.615	5.290
18	Hartmann Gruppe	1.215	9.114
19	Fuchs Petrolub AG	1.192	4.137
20	Symrise GmbH&Co KG	1.149	5.100

Quelle: Die Welt, Geschäftsberichte

Entnommen aus: Verband der Chemischen Industrie e.V. (VCI), www.vci.de, Branchendaten

Weiterführende Literatur

(1) Brand bekämpfen
aus WirtschaftsWoche online vom 2006-11-02

(2) Short, Patricia L., Global Top 50, Chemical & Engineering News, July 24, 2006, Volume 84, Number

30, pp. 13-16
aus WirtschaftsWoche online vom 2006-11-02

(3) Inder greifen nach Firmen in Europa
aus Handelsblatt Nr. 204 vom 23.10.06 Seite 19

(4) "Noch mehr Übernahmen"
aus WW NR. 044 VOM 30.10.2006 SEITE 060

(5) Der BASF-Konzern verstärkt seinen Auftritt in Asien
aus Frankfurter Allgemeine Zeitung, 19.08.2006, Nr. 192, S. 12

(6) In China finden Kunststoffhersteller einen neuen wachstumsstarken Heimatmarkt
aus VDI NR. 38 VOM 22.09.2006 SEITE 23

(7) Bayer-Konzern forciert das Geschäft in China
aus Frankfurter Allgemeine Zeitung, 06.09.2006, Nr. 207, S. 22

(8) Polymerisations- und Compoundieranlage Degussa baut Präsenz in China aus
aus Process Magazin für Chemie- und Pharmatechnik Nr. 11 vom 07.11.2006 Seite 026

(9) Wacker baut Werk in China kräftig aus
aus Handelsblatt Nr. 179 vom 15.09.06 Seite 24

(10) Polymerindustrie - bereit für das nächste Konjunkturtal?
aus CHEManager Ausgabe 18 vom 21.09.2006 Seite

001

Impressum

Chemie und Kunststoffe - Wettbewerber aus dem Nahen und Fernen Osten erobern Weltmarkt

Bibliografische Information der deutschen Nationalbibliothek

Die Deutsche Nationalbibliothek verzeichnet diese Publikation in der deutschen Nationalbibliografie; detaillierte bibliografische Daten sind im Internet über http://dnb.d-nb.de abrufbar.

ISBN: 978-3-7379-2225-8

© 2015 GBI-Genios Deutsche Wirtschaftsdatenbank GmbH, Freischützstraße 96, 81927 München, www.genios.de

Vervielfältigungen (Fotokopie/Mikroskopie), Übersetzungen, Auswertungen durch Datenbanken oder ähnliche Einrichtungen und die Einspeicherung und Verarbeitung in elektronischen Systemen.